T0085782

CREA TU MEJOR AÑO UN DÍA A LA VEZ

Una guía poética para inspirar paz y conseguir este año lo que mas quieres

Clara Angelina Diaz

Copyright © 2020 por Clara Angelina Diaz.

ISBN: Tapa Blanda   978-1-7960-8121-3
       Libro Electrónico 978-1-7960-8120-6

Todos los derechos reservados. Ninguna parte de este libro puede ser reproducida o transmitida de cualquier forma o por cualquier medio, electrónico o mecánico, incluyendo fotocopia, grabación, o por cualquier sistema de almacenamiento y recuperación, sin permiso escrito del propietario del copyright.

Las opiniones expresadas en este trabajo son exclusivas del autor y no reflejan necesariamente las opiniones del editor. La editorial se exime de cualquier responsabilidad derivada de las mismas.

Las personas que aparecen en las imágenes de archivo proporcionadas por Getty Images son modelos. Este tipo de imágenes se utilizan únicamente con fines ilustrativos.
Ciertas imágenes de archivo © Getty Images.

Información de la imprenta disponible en la última página.

Fecha de revisión: 01/15/2020

Para realizar pedidos de este libro, contacte con:
Xlibris
1-888-795-4274
www.Xlibris.com
ventas@Xlibris.com
806935

Índice

CAPÍTULOS

1: El Nacimiento De Este Libro...1
   Poema: Aquí Estamos 3

2: Progreso Enfocado Y En Paz.....................................5
   Poema: Comienza tu año con una declaración...........7

3: La Intención De Este Libro 9
   Poema: Ánimo Estímulo Aliento...............................12

4: Empieza Donde Estás: El Poder De La Claridad........13
   Poema: Un poema para hoy 17

5: Como Definir Tu Mejor Año?...................................19
   Poema: Mi Regalo de Amor para Ti 28

6: Smart: Fórmula Para La Creación De Metas.............31
   Poema: Creando Realidades 41

7: El Increíble Poder De Las Afirmaciones 45
   Poema: ¡Eleva tu vibración! 53

8: El Ejercicio De La Rueda De La Vida........................55
   Poema: Amor del Alma 61

9: Carta De Amor De Parte De Mi Alma.......................63
   Poema: Carta de amor del alma..............................64
   Poema: Recordando lo que es Posible 67

10: El Poder De Tres Acciones Diarias...........................69
   Poema: Detente...72

11: La Importancia De Sentirte Bien Contigo Misma 73

    Poema: "Te amo, cuerpo mío" 79

    Poema: "Tú, la estrella" 80

    Poema: "Un Poema para el Cambio" 81

    Poema: "Capaz y Digna" 82

LAS PALABRAS DE ELLA TE HABLAN

1: Empezar desde donde estés– Latonia Francois 15

2: Convirtiéndote en tu Mejor Coach y Amiga–
Linda González 23

3: En lugar de crear más listas, toma más
decisiones– Nicole Moreno-Deinzer 37

4: Afirmaciones– Christine L. Bowen 49

5: Confía en ti misma, en Dios y el Universo–
Massiel P. Eversley 77

Reconocimiento/ Agradecimiento

He aprendido que realmente se necesita una comunidad para crear algo importante.

Estoy agradecida por esta oportunidad de agradecer a mi gente/mi pueblo/ mi tribu.

La Fuente, Dios, de donde todo deriva, me ha dotado de ser un instrumento de bien.

A mi vida y mis experiencias eleven a las personas con las que entro en contacto, siempre.

Mi pareja Chris y mi hija Angelina me mantienen real y verdadera. No puedo pedir más amor que eso.

Mi madre Digna y mis hermanos, Gina, Andria y Eddy: su apoyo interminable me permite estar libre de preocupaciones. Estoy agradecida por la forma en que ustedes y toda mi familia me ven como alguien con quien pueden contar.

Los amo a todos.

Fue con todos ustedes en mi corazón que escribí este libro.

El ángel de una editora, Ellen Keiter, fue un regalo de lo Divino. Este libro español tiene una madrina. Su nombre es Cathy Niezen, un ángel que me apoyo con espacio para mi creatividad y el nacimiento de esta versión en español de lo que llamamos, El Mother Book.

Estoy emocionada por lo que crearemos Juntas.

Mi compañera de pensamiento y amiga Linda, la forma en que mantenemos espacio para las intenciones de los demás cada semana realmente me movió en la dirección de ver este libro tomar vida.

Y a mis amigas del Alma en la vida que escuchan, apoyan, confían y comparten su vida conmigo: Massiel, Rosa, Ivanna, Sheggai, Latonia y tantos otras, me inspiran mas de lo que se imaginan.

Una profunda reverencia a mis clientas que han sido algunas de mis mejores maestras.

Mi corazón está más abierto ma lleno gracias a ustedes.

Gracias. Gratitud. Muchas gracias."

Dedicatoria

*"A mi hija Angelina y a todas las hijas del mundo:
Que encuentres tu propia manera y fórmula
para crear los mejores años de tu vida."*

1

El Nacimiento De Este Libro

"Crece donde quiera que estés"
-Clara Angelina Diaz

Fue durante un invierno largo y frío que mi madre, mis tres hermanos y yo emigramos a los Estados Unidos desde la República Dominicana. En ese momento no me sentía como una niña de ocho años porque era la mayor de los cuatro.

Desde que tengo memoria, siento que mi edad es superflua y tengo una imaginación muy activa. Mucho antes de llegar a los Estados Unidos, fantaseé con frecuencia sobre lo increíble que sería mi vida en ese nuevo país. Imaginé que seríamos felices como familia, que las calles de ese país brillarían como el oro, que tendría mi propio cuarto con unos muebles blancos brillantes, y que las cortinas y colchas combinarían con mi cama.

La realidad fue muy diferente. Llegamos a Manhattan un octubre frío y triste. Las calles de Nueva York no brillaban; eran, en cambio, grises y frías. En vez del gran castillo que había imaginado, mis hermanos y yo compartíamos un dormitorio muy pequeño en la casa del tío abuelo por parte de padre. Ajustarme al nuevo país fue muy duro para mí. Siendo la mayor, tuve que aprender el inglés tan rápido como fue posible para ayudarme a mí misma, a mis hermanos e incluso a mis padres a navegar en la nueva realidad.

A mis padres se les dificultó encontrar buenos empleos y esta de mas decir que la vida se nos hizo muy estresante. Terminamos mudándonos a Massachusetts, donde vivimos en un albergue durante seis meses. Finalmente obtuvimos en la ciudad de Boston una vivienda subsidiada por el gobierno.

Con el paso del tiempo comencé a notar que alrededor de la misma época del año me sentía muy triste. Descubrí que había un nombre para ese sentimiento: depresión. Llegué a pensar que mi odio por el clima frío era la causa de mi infelicidad. No me percataba que había algo más en mi ciclo anual de tristeza. Cuando tomé conciencia y me embarqué en este largo viaje de desarrollo personal y espiritual, me di cuenta que la conexión con mis tiempos anuales de oscurida coincidía con el momento en que mi familia y yo llegamos de la República Dominicana por primera vez. Pude ver que esos tiempos difíciles aún vivían dentro de mí y que cada año, a través de episodios de depresión, renacía sin yo saberlo la incertidumbre por haberme mudado a un país completamente diferente.

Decidí que no quería para mi una vida llena de tristeza, lo que me llevó a realizar esfuerzos concientes hacia experiencias más positivas, especialmente durante esa época del año. Poco a poco comencé a medir mis progresos en la vida, contando mis bendiciones y éxitos. De esa manera logré sentirme mejor y más confiada cuando llegaba el invierno.

A medida que sentía crecer mi fuerza interior, no sólo me propuse pasar *inviernos* increíbles, sino que decidí que cada *año* sería el mejor año de mi vida. Por entonces ya practicaba vivir en el **ahora,** luego de descubrir el libro *The Power of Now (El Poder del Ahora)* de Eckart Tolle. Desde ese momento me propuse crear el mejor año de mi vida una día a la vez dándole prioridad a mi desarrollo personal.

Así nació este libro. Comenzó con la necesidad de compartir las herramientas y prácticas que adopté para mejorar mi propia vida y buscar un estado de ánimo positivo todo el año. Quería no sólo facilitar esas herramientas para los demás, sino más importante aún, compartir **la maravilla que representa ejercer mi poder de elegir.**

Aquí Estamos

Estamos aquí,
*   listas tú y yo,. . .*
*   Listas para el amor, el cambio, el progreso y mucho más.*
Aquí estamos,
*   Queriendo*
*   Deseando*
*   Que algo se añada a nuestra existencia*
*   o que se nos extirpe.*
Listas.
*   Permitiendo que lo bueno*
*   se manifieste*
*   en el milagro de la vida,*
*   en el flujo natural que le da ritmo.*

Limpia el espacio, que dé cabida a cosas nuevas
*   Listas estamos.*
*   Dolores de partos existenciales,*
*   manos sudorosas,*
*   temerosas de lo nuevo*
*   y De dejar ir. . .*

Sé parte del proceso.
*   Hazlo tan rápido*
*   o tan lentamente como puedas.*
*   Y si crees no poder,*
*   tente compasión*
*   date aliento*
*   en vez de escuchar la voz del miedo*
*   y de la duda.*

3

Porque al final del día,
tu vida es como como la rosa:
hermosa,
siempre oportuna,
amada y protegida,
¡Siempre!

- Clara Angelina Diaz

2

Progreso, Pacifico y Enfocado

A quien vive en paz y con un claro propósito todo le llega".
-Clara Angelina Diaz

Siempre me consideré del tipo de persona que "hace-que-las-cosas-sucedan". Ser así me sirvió durante mucho tiempo; de alguna manera, creo haber logrado hacer más cosas que las personas que me rodean. Claro, eso está muy bien para una mujer soltera que dispone de todo el tiempo del mundo para hacer, hacer y no parar de hacer.

Mi hija transformó rotundamente mi manera de ser y pensar. Antes de que naciera, tenía una visión fantasiosa de cómo iba a dirigir mi negocio mientras ella dormía y yo como mamá me quedaba tiempo completo en la casa.

¡Cuán equivocada estaba! Con mi nueva bebé en el centro de mi mundo ya las cosas no podían suceder como una vez soñé. Un buen día me sentí muy frustrada con todo lo que se esperaba de mí como madre y empresaria. Mientras la amamantaba, me pregunté cómo podría disfrutar ser madre y, a la vez, trabajar en mi sueño: un negocio para que las mujeres vivan sus valores centrales y ejerzan con autenticidad su poder y su confianza.

Fue justo allí, acostada con mi niña al lado, que escuché tres palabras poderosas: *"Progreso Pacífico y Enfocado"*. ¡Estas tres palabras me iluminaron como un bombillo! Desde entonces esa frase es un mantra que uso conmigo y con las mujeres a las que acompaño. Todos los días me digo: realizaré un *"Progreso*

Pacífico y Enfocado", en lugar de obtener lo que quiero forzando o tomando acciones al azar basadas en el miedo.

Estas tres palabras son la guía central de mi vida y me ayudan a permanecer enfocada en mi objetivo. Espero que ellas hagan lo mismo por ti.

Progreso: Significa reconocer hacia dónde me dirijo y, a la vez, saber que cualquier desvío puede conducir al aprendizaje, recordando siempre que la vida me sostiene.

Pacífico: Es la forma de acercarme a mí misma, a mis actividades y a mis relaciones personales y profesionales. La paz es un lugar que me inspira abundancia, donde ya se manifiesta lo que quiero mientras camino con confianza hacia lo que deseo. Esta paz me permite milagros pues estoy abierta a recibirlos.

Enfocado: Es la forma de invertir mi energía, con claridad de propósito e intención, reconociendo que cada momento es una oportunidad para vivir y actuar como me lo he propuesto.

Comienza tu año con una declaración

Tu año comienza cuando así lo manifiestas.
No pidas permiso para pulsar el botón de "Reiniciar",
Pero tampoco a lo loco,
...con inteligencia y corazón.

Tú, amor,
mereces una segunda,
una tercera,
una cuarta,
¡quinta. . . séptima oportunidad!

Este es tu año,
este es tu momento.
hazlo tuyo,
dale forma,
que sea lo que tu quieras
y hazlo el mejor año de tu vida hasta ahora,
¿porque, sabes qué?
El año que viene
y el siguiente,
lo harás todo de nuevo,
con más poder,
y más intención.

Y cada año será un poco más dulce,
o tal vez mucho más dulce.

Te invito,
    acompáñame en este viaje de autoexpresión
      y máxima creación
        para crear los mejores años de tu vida,
        ¡un día a la vez!

Seguramente habrá baches en el camino,
    lluvia y quién sabe qué más. . . .
      Pero esto te garantizo:
        Sigue este libro y sus palabras
          y entrarás al camino de la luz
            para crear tu vida felizmente.

- Clara Angelina Diaz

3

La Intención De Este Libro

"Todo empieza con una clara intención, esto determina la fuerza de tu manifestación"
-Clara Angelina Diaz

Este es un libro de motivación diaria que busca ayudarte a lograr lo que más quieres en la vida, sentirte bien contigo misma y tener tranquilidad.

La mejor manera de crear la vida que sueñas es vivir cada día de la mejor manera posible, usando todos tus recursos. Si vivir un día a la vez te parece "demasiado", enfócate en vivir de momento a momento. Te invito a que logres que cada hora cuente y ejercites tu libre albedrío para elegir bien y lograr tus sueños.

Puedes aprender de mi historia y quizás te llegue a inspirar. Durante muchos años caí en la trampa de ponerme metas muy altas y fallé constantemente porque carecía del conocimiento y las herramientas que tengo ahora. Cada meta que no lograba alcanzar afectaba mi confianza y autoestima. Me sentía fracasada y una perdedora. Quería alcanzar las metas cuando me lo proponía y no lo estaba logrando.

Una de las metas principales de mi vida fué terminar la universidad. Me tomó más de diez años hacerlo, pero finalmente lo logré. A pesar de lo largo que duró, lo volvería a hacer. Cumplir ese objetivo me ha hecho más determinada y paciente.

Mientras terminaba mi carrera universitaria comencé mi práctica de coaching. Al escribir mi tesis sobre cómo el coaching mejora las posibilidades de éxito empresarial, pude fusionar el lanzamiento de mi negocio con la obtención de mi título.

En la investigación que realicé para iniciar el negocio y completar mi tesis descubrí no estar sola en querer alcanzar todo mi potencial y a la vez no sentirme merecida. Descubrí que muchas personas en todo el mundo pasan por lo mismo, especialmente las mujeres que persiguen sus sueños y tienen forzosamente que dividir su tiempo entre sus múltiples roles y responsabilidades.

Con este libro quiero compartir lo que he aprendido en mi despertar espiritual, mi investigación académica y en la toma de conciencia por parte de mis clientes. Dentro de mi siempre supe que debía haber una manera diferente de sentir satisfacción y definir lo que el éxito significa para mi.

Todo esto me llevó a encontrar una forma diferente de vivir mi propia vida y medir mi éxito. Tomé la decisión de tener solo pensamientos positivos acerca de mis actividades diarias. Decidí simplemente vivir un día a la vez.

Mi objetivo es vivir cada día como si fuese el mejor día de mi vida. Aunque suene simple, esto no siempre es fácil, pero la decisión es poderosa. De ese modo todo empezó a cambiar para mí, segmentando mis actividades en pequeños pasos y haciendo lo mejor posible para alcanzar esos objetivos diarios.

Fue ese un proceso de autodescubrimiento que me ayudó a alcanzar mis metas. Acá me propongo guiarte paso a paso a través de ese proceso. Compartiré contigo las oraciones personales, poemas y afirmaciones que uso a diario para alinearme con las mejores partes de mí misma y aprovechar al máximo cada día. También compartiré historias de mujeres que me han influenciado porque han transformado sus vidas viviendo su verdad y propósito.

Como coach de vida y negocios, **me apasiona empoderar a mujeres y niñas para que proclamen su liderazgo, su amor propio y confianza personal con el fin de elevarse en el mundo usando sus dones únicos.** Todos tenemos dones especiales que pueden expresarse de muchas maneras diferentes y cada una de nosotras puede iniciar cambios positivos en su vida y con ello ayudar a cambiar la socicdad. Estoy aquí para ayudarte a aceptar esta verdad y facilitarte a encontrar tu propósito de vida en el proceso.

Es mi deseo que te inspires para encontrar tu propia manera y fórmula que te permitan crear los mejores días de tu vida.

Ánimo Estímulo Aliento

¿Hasta como puede uno llegar,
    yendo,
        yendo,
            con un poco de ánimo
                hacia la luz,
                    lo correcto,
                        lo verdadero?

Sé tú la luz,

Tú eres la luz que trasciende el tiempo.

    Porque yo luz,
        tú luz, amor.
            Somos capaces de eso y más.

Ánimo. Estímulo. Aliento:
    Da todo con amor y prudencia
        hacia ti misma
        hacia la luz,
            hacia los otros,
                y siempre con paz,
                    con el amor por delante.
                      ¡Vamos, Aliéntate y Alienta!

- Clara Angelina Diaz

4

Empieza Donde Estás: El Poder De La Claridad

"La claridad no siempre es necesaria para dar el siguiente paso,
pero multiplica el impulso para obtener el valor necesario"
-Clara Angelina Diaz

"Sé lo que quiero y voy a conseguirlo". "Hacia allá quiero ir". "Quiero lo que ella tiene".

"No tengo idea de lo que quiero". "La verdad, no sé qué hacer ahora".

Todas estas declaraciones son excelentes puntos de partida en el camino hacia la claridad. La verdad es que las condiciones o el momento probablemente nunca serán perfectos o correctos. Así que empieza ahora.

¿Sientes dudas? En eso consiste la belleza de cualquier comienzo: tomar una acción, cualquiera que sea, transforma de la manera más hermosa el punto adonde crees ir. Cuanto más inspirados, conscientes y valientes tus pasos, más poderosos los resultados. Y por supuesto todo paso, por pequeño que sea, cuenta. Comienza donde estés, con lo que tienes y observa lo que sucede. Hazlo como un experimento o hazlo como si toda tu vida dependiera de ello. Haz lo que sea para moverte en la dirección deseada.

Comienza donde estés porque tú mereces tener todo lo que quieras. Caso Cerrado. Eres un ser formidable y un alma brillante que vino al mundo como parte integral de esta red interconectada de energías que llamamos vida. Escucha el llamado de tu espíritu cuando te dice: "¡Empieza ya! Haz la llamada, di lo que tengas que decir: sí, no; ¡tú sabes lo que debes hacer!"

No permitas que el fantasma de la incertidumbre supere tu valentía. Simplemente comienza donde estás. Los milagros sucederán, especialmente si cada día despiertas con la fe renovada y la convicción de un nuevo comienzo desde donde estás, con base en lo ya hecho. Y mejor aún si trabajas con la mentalidad de un humilde principiante.

Este año, este mes o este día puedes comenzar de nuevo desde donde estés, tantas veces como sea necesario. Concédete a ti misma el permiso y el apoyo interno necesario para comenzar una y otra vez.

Puedes usar el ejercicio *La Rueda de la Vida* (Capítulo 8) para ayudar a enfocarte. Recuerda lo que has decidido crear y permite que tu corazón te guíe hacia dónde comenzar de nuevo.

Las Palabras de Ella te hablan

Empezar desde donde estés
Latonia Francois

¿Cómo consigues fuerza en un lugar oscuro para superar lo imposible? Antes de comenzar a escribir mi blog, "Let's write Life" (Escribamos la Vida), me econtraba sumida en una maraña de tristeza que me encarcelaba, impidiéndome creer que podría superar los desafíos que enfrentaba. En ese momento de mi vida tenía que lidiar con relaciones rotas, el rechazo de las personas que amaba y me encontraba embarazada de mi segunda hija. El estrés durante el embarazo me llevó a estar desempleada y los problemas financieros comenzaron a afectar mi capacidad de mantener a mi familia. Como resultado de todos esos problemas, toqué fondo y caí en una fase depresiva que me era conocida, donde me había encontrado muchas veces antes.

Paradójicamente esta vez el fondo de roca donde me hallaba fue donde encontré la fuerza neesaria para no permitir que nunca más la depresión, las relaciones rotas, el miedo, el rechazo, mi pasado, mis dudas, mis preocupaciones o las opiniones hirientes de los demás me robaran la alegría. Estaba cansada de todo eso. Mi único deseo era ser feliz.

Escribir en mi diario ha sido siempre una parte significativa de mi vida. Ha sido la única manera de expresarme en los buenos y malos momentos. No tenía una idea clara de lo que significaba para mí ser "feliz", pero en el año 2013 tomé la decisión de iniciar un nuevo viaje a través de la escritura para descubrir lo que me ocurría y superar la lucha silenciosa con la depresión que me tuvo encarcelada durante años. Ese viaje me ha permitido descubrir la alegría, el despertar espiritual, el poder de mis propias palabras, cómo la vida se transforma, así como una nueva dimensión de amor a mí misma bajo formas y ángulos que nunca creí posibles. Habiendo comenzado desde un rincón tan oscuro en mi vida, sin dinero, sin nadie a quien acudir, sin ningún plan real y un bebé en camino, ese viaje cambió mi vida, marcando el inicio de una ruta que tuvo como eje a "Let's Write Life".

Justo cuando te parece haber experimentado toda la presión posible, suele ser ese el momento preciso cuando te percatas que eres suficientemente fuerte para hacer lo imposible. ¡Incluso cuando todo parece estar más allá de tu alcance! Empieza entonces desde donde estés. Ten fe. ¡Recoge tu pluma, conviértete en el autor de tu vida y permite que el poder de tus palabras marque el camino! Tu vida nunca será la misma. Me pasó a mi ¡Ruego porque las mismas bendiciones te sucedan a tí!

Puedes comunicarte con Latonia Francois en: www. LetsWriteLife.com

Un poema para hoy

Querido Hoy:
  ¡Gracias por estar aquí!
    En serio,
      de verdad,
        gracias.
Sé que a veces te descuido.
    Pienso tanto en el ayer
        y demasiado en el mañana,
          pero hoy,
            Hoy,
              solo pensaré en ti
                y te agradezco por estar siempre aquí,
                  siempre fiel,
                    todos los días esperándome,
                      Querido Hoy.
                        De nuevo,
                          Gracias.

- Clara Angelina Diaz

¿Qué puedo hacer hoy para crear el mejor año de mi vida?

_____

_____

_____

_____

_____

_____

5

Como Definir Tu Mejor Año?

"No cuentes tus días; haz que tus días cuenten".
-Anónimo

Entonces, ¿cómo vas a crear tu mejor año? ¿Cómo creas un año increíble, fascinante, feliz, emocionante, satisfactorio, productivo y exitoso? Esta pregunta debes hacértela mientras te preparas para cambiar la trayectoria de tu vida. La respuesta corta y simple es: **Defínelo.**

Comienza creando una imagen clara de cómo sería tu año ideal. Desarrolla la imagen mental del futuro que quieres crear. Esto es crucial, porque **si no sabes cuál es tu destino antes de comenzar a dar pasos hacia él, cuando llegues no lo reconocerás. Peor aún, verás cualquier situación como tu destino y podrás fácilmente perder la pista de lo que andas buscando.**

Definir cómo debe ser tu mejor año también significa plantearse algo que esperar, algo que inspire. Y puesto que la inspiración es una de las fuerzas más potentes, la imagen del año de tus sueños te mantendrá en movimiento, incluso ante los desafíos que eventualmente se presenten.

Imagínate terminar tu día diciendo: «Hoy fue un gran día y me siento increíble». ¿No te gustaría tener muchos de esos días en los que te sientes realmente bien contigo misma, con tu vida y todo lo que en ella hay? Me refiero a los días en que cumpliste todo lo que querías hacer. Días cuando vas apasionadamente hacia tus objetivos; cuando logras todos y cada uno de ellos, con una intención viva y clara en la mente, sabiendo exactamente por qué estás haciendo lo que haces. ¿Te imaginas días así, días en que prestas atención a la vida y la vida simplemente fluye? Si bien días como ese pueden sonar surrealistas, la realidad es que los *puedes* crear con frecuencia. Crear días así requiere planificación, acción intencional y disciplina compasiva.

Tómate un minuto y cierra los ojos. Respira hondo e imagina que estás en las vacaciones más increíbles de tu vida y al mismo tiempo estás cumpliendo tus objetivos más importantes ¡Imagínatelo! ¡Ese es el tipo de vida que quiero para ti! Pero para lograr esa vida de éxito poco común, debes crearla *intencionalmente*. Te mostraré cómo hacerlo.

Ejercicio: Visualiza tu mejor año

Crear la vida de tus sueños requiere alinearte con lo que quieres, tener fé, esfuerzo, disciplina e intencionalidad en las acciones. Para ayudarte a alcanzar tus metas y crear la vida deseada responde a las siguientes preguntas. El nivel de honestidad que expreses durante este ejercicio determinará en gran medida si eventualmente podrás crear el mejor año de tu vida.

¿Cómo se ve mi mejor año?

¿Cómo se siente mi mejor año?

¿Qué estoy haciendo ya para crear el mejor año de mi vida?

¿Qué hábitos puedo abandonar para tener el mejor año de mi vida?

¿Qué estoy dispuesta a hacer ahora mismo para empezar a crear mi mejor año?

¿Quiénes pueden ayudarme a crear el mejor año de mi vida?

¿Qué debo hacer para mantenerme motivada a crear el mejor año de mi vida?

Las Palabras de Ella te Hablan

Convirtiéndote en tu Mejor
Coach y Amiga
Linda González

Amarte a tí misma es un acto fundamental que involucra el cosmos en tu bienestar. Pero requiere reconocer que eres digna de hacer el esfuerzo, a la vez que demanda que seas auténticamente tú. Nacemos con la creencia de que somos dignas de serlo: los bebés y los niños pequeños insisten en el valor de sus necesidades y el derecho a que se cumplan.

Poco a poco nos encontramos con la "vida adulta", aquella norma socialmente aceptada que otorga a los adultos el derecho de despreciar y disminuir los derechos humanos de los niños. Con eso como telón de fondo, no debe sorprendernos lo mal que nos tratamos a nosotras mismas.

Esta "adultez" es un secreto no expresado explícitamente. Lo hemos incorporado a nosotros como una suerte de iniciación a la que luego le damos la vuelta para infligírsela a los demás. Piensa en cuántas veces te encuentras con gente que no se molestan en presentarte a sus niños. ¿Por qué no lo hacen?

Hemos internalizado darle poca importancia a los niños ¡qué pérdida! Como adultos, deberíamos concederle a los niños un respeto básico y decirles: "Los veo y son valiosos, dignos y capaces a cualquier edad de ser mis maestros, mis compañeros y mi inspiración". Recientemente, encontré una foto mía de cuando niña en la que brillaba la alegría de mi ser. Si no tienes ese tipo de fotografía, entonces la imagen de un niño que amas puede ser tu estrella guía. Amarme a mi misma involucra buscar continuamente signos en mi corazón, tan fuertes como mi mente y mi espíritu. Eso me lleva a verme reflejada en la belleza del mundo. Y a partir de allí me puedo percatar de lo que esté disponible en cada momento para calmar y abrazar mi propia alma: hojas de otoño que se transmutan en los colores de una puesta de sol, gente que me ofrece amor para seguir mis sueños, música que me inspira a cantar y bailar. La gratitud diaria que no deja de recordarme que en la amistad conmigo misma el universo me apoya.

En algún momento desarrollé el hábito de besarme a mí misma en la parte superior del hombro cuando estoy acostada. Es una forma dulce y sencilla de recordar que soy mi mejor amiga, sin importar qué haya ocurrido ese día. Durante el día estoy buscando formas en que el mundo y yo podamos "besarnos" para no tener que buscarlo con personas que Se valoran poco a si misma.

Tuve que profundizar y explorar el fondo de mi vida para así poder curarme: encontrar el moho, lo descompuesto, lo quebrado, los cables expuestos tanto en mi infancia como en la edad adulta. Tuve que nombrar y rechazar comentarios como el siguiente: «Los niños deben ser vistos y no escuchados», «No necesitas saber por qué, solo haz lo que te digo», «Eres demasiado altanera» o «Eres estúpida, buena para nada, una burra». Habiéndolo logrado, comencé a respirar y a acceder a lo que de niña llegué a saber. Cuando algo duele, duele. Cuando estoy enojada, estoy enojada. Cuando lloro, siempre hay una fuente de tristeza que me empuje. Cuando río, es porque estoy encantada. Cuando insisto, algo importante me motiva. Busqué dónde fue que me robaron la creencia de que mis necesidades importan, y ahora digo con mi total poder de mujer adulta: «respeto y valoro mis necesidades».

La lealtad es una espada de doble filo. He sido leal en exceso con algunas personas y organizaciones, al punto de ponerme en desventaja. Durante largo tiempo y muchas veces intenté, en vano, ser apreciada por mis talentos. Ahora soy leal a mis valores y bienestar. Si alguna persona u organización me permite contribuir con mi talento y a cambio recibo respeto y oportunidades, entonces mi *coach interior* sonríe y me involucro. En lugar de quedar atrapada en las redes de las necesidades de los demás, busco ser yo misma el remedio que buscaba en el mundo exterior. Me convertí, así, en mi mejor coach y amiga, recordándome constantemente lo que necesito para vivir con un corazón, mente y espíritu abierto

Para contactarte con Linda, anda a su pagina web: www. lindagonzalez.net

¡Permítete recibir lo que
quieres este año!

¿Qué quieres recibir este año?

_____

_____

_____

_____

_____

_____

_____

_____

Mi Regalo de Amor para Ti

Ánimo y aliento en cantidades infinitas
    Hacia lo bueno y verdadero,

Claridad precisa en tu enfoque
    para recordar que lo que buscas,
        te está buscando a ti,
            aquí y ahora.

La energía del amor,
    el entusiasmo,
        y un recordatorio constante de tu identidad verdadera,
        porque eres tú el núcleo de la luz
          y el poder de la vida misma,
            que vive en ti y a tu alrededor.

Recordatorios que te empujen
    cariñosamente
        hacia tu misión y tu propósito.
          en tu corazón, sabes lo que eso es para ti.

Poder en la simplicidad
    y la dificultad
        en asuntos en los que olvidas confiar
          y para mantenerte clara en el propósito
            sea cual sea.

Y en todo esto,
    recordar que todo camino conduce a Dios,
        al amor,
          y a tu propósito aquí.

Tú decides,
    sí,
    ¡tú!
        Tú decides,
            cuánto disfrutarás
                conscientemente,
                día tras día
                    año tras año,
                        momento a momento.

- Clara Angelina Diaz

6

SMART: Fórmula Para La Creación De Metas

"Se habrá ganado la mitad de la victoria que conduce al éxito, cuando se tiene el hábito de establecer y lograr metas."
-Og Mandino

Si tienes que escoger *una sola meta* para trabajar durante este año ¿Cuál sería?

Una sola meta: la meta mas importante, mas importante incluso que el resto de tus metas combinadas. La mayoría de nosotros tiene listas de objetivos llevamos de año en año, sin siquiera estar cerca de lograrlas. A veces simplemente las creamos cuidadosamente y las guardamos en nuestros corazones y mentes sin tomar acciones diarias que conduzcan hacia ellas.

En este momento quiero darte permiso para que te des la oportunidad. Honra tus deseos y decide qué meta en tu vida, este año, deseas propalar a los cuatro vientos. Por ejemplo, he decidido que mi principal objetivo este año es publicar este libro, en inglés y en español, antes de mi próximo cumpleaños. Este compromiso me mantiene incluso cuando no tengo ganas.

Para lograr tu objetivo más importante, primero identifícalo, haz luego lo mejor para lograrlo, sin importar los obstáculos y desafíos que la vida te presente. Haz lo mejor que puedas, incluso si *"lo mejor"* se ve distinto cada día.

Una vez decidido cuál es tu único objetivo, debes repetirlo en voz alta. Decirlo en voz alta te ayuda a comunicarte con tu subconsciente; escucharte a ti misma te da un impulso para cumplir realmente tu meta.

También es importante que construyas afirmaciones positivas al respecto, para comenzar a atraer fuerzas e influencias constructivas que te impulsen aún más.

Establece tu meta, comprométete con ella, actúa y habla constantemente de ella hasta que se haga realidad. Deja que el universo escuche lo que quieres este año. Deja que el universo sienta el latir de tu deseo. Siente el fuego que arde dentro de ti y sé testigo de cómo todo empieza a funcionar para que alcances la meta deseada.

En el espacio a continuación, escribe tu meta principal para este año. Escribe qué sentirás cuando la logres. Derrama tu corazón en el papel y deja que las palabras te ayuden a lograr el objetivo.

Mi objetivo principal este año

_____

_____

_____

_____

_____

_____

_____

_____

_____

_____

_____

Uno de los factores más importantes para lograr el éxito de tus objetivos es aprender a Crear Metas Inteligentes (S.M.A.R.T Goals)

Lo que quiero decir con SMART (SMART por sus siglas en Inglés) es lo siguiente:

Specific	-	Específicos
Measurable	-	Medibles
Attainable	-	Alcanzables
Realistic, Relevant	-	Realistas, Relevantes
Time Specific	-	En una Fecha Establecida

El objetivo a establecer debe cumplir con estos componentes.

Primero, tiene que ser **Específico (Specific)**. Cualquier objetivo que no sea específico no es más que un deseo. En lugar de decir: "Planeo ponerme en forma", dí: "Voy a comenzar a hacer ejercicio durante treinta días, treinta minutos al día, de 6:00 a 6:30 a.m., para poder estar en mejor forma". Este es un objetivo específico. Por ser específico, puedes determinar las cosas exactas que debes hacer para lograrlo, eliminando toda duda y la ambigüedad.

Tu objetivo debe ser **Medible**. ¿Cómo vas a medir el progreso? ¿Cómo sabrás que te estás acercando a tu meta? Tu objetivo debe ser algo alcanzable, pero también algo que en alguna medida te enriquezca e incluso te saque de tu zona de confort. Imagina que planeas escribir un libro y te fijas la meta de «escribir todos los días». Aunque eso puede ser un objetivo específico, en realidad no se puede medir. Si en cambio dices: «Escribiré cinco páginas todos los días durante el mes siguiente», el objetivo se hace medible. Eso significa que cada día te levantarás y escribirás cinco páginas, sin importar el clima, el estado de ánimo en el que te encuentres o las circunstancias. Cada día escribirás cinco páginas. Si te desvías del camino y escribes menos de cinco páginas, vuelves a encaminarte al día siguiente.

Tu meta también debe ser algo **Alcanzable** y **Realista** o **Relevante** para *tu vida*. Considérala como un regalo para ti misma. Puede que estés lista para enfrentar el mundo después de leer este libro y sentirte capaz de establecer metas retadoras difíciles de lograr, o puedes ser más conservadora eligiendo una meta específica.

Si tu meta es empezar un negocio, escribir un libro, obtener una calificación, vivir un estilo de vida saludable o conseguir un nuevo trabajo, asegúrate que sea para *ti* una meta realista.

Finalmente, deberás establecer una fecha clara y precisa para que tu meta tenga un **Duración** y un **Punto de Terminación**. Te propongo que fijemos juntas una fecha de un año a partir de ahora. Cualquiera que sea el día en que leas este libro, establece doce meses para cumplir tu objetivo, lo que representa un viaje completo alrededor del sol. Esto te dará una fecha específica razonable. Piensa en lo que debes hacer durante ese año para alcanzar tu meta y planificar tus pasos. Si estás realmente comprometida con el deseo que anida en tu corazón y tomas acciones diarias para adelantarlo, lograrás tu objetivo.

La parte más difícil es siempre tener claridad sobre qué es exactamente lo que quieres, por qué lo quieres y cuándo lo quieres. Al ganar claridad, podrás canalizar mejor tus energías físicas y mentales para asegurarte que lograrás tu objetivo. ¿Cuál es ese objetivo? ¿Cuál es el objetivo que has estado postergando durante años que no crees que puedas lograr? Este año finalmente lo harás. Te estás permitiendo a ti misma ir tras él. ¡Seguro que puedes hacerlo!

Ahora escribe tu objetivo de nuevo y dilo en voz alta, como una declaración. Declárale al universo y a ti misma tu objetivo específico, medible, alcanzable y que por ser realista y relevante te empuja fuera de tu zona de confort. Tómalo como un regalo para tu vida. Ahora, ponle fecha.

Mi Objetivo para Este Año:

Specific	-	Específico
Measurable	-	Medible
Attainable	-	Alcanzable
Realistic, Relevant	-	Realista, Relevante
Time Specific	-	Con Fecha Establecida

_____

_____

_____

_____

_____

_____

_____

_____

_____

_____

_____

_____

_____

_____

_____

_____

_____

_____

_____

_____

Las Palabras de Ella te Hablan

En lugar de crear más listas,
toma más decisiones
Nicole Moreno-Deinzer

A los treinta y un años me he concedido el lujo de examinar mi vida con nuevos ojos para determinar los patrones comunes a lo largo de estos años. Todas tenemos ciertos rasgos de personalidad que se mantienen desde la infancia y que nos han llevado a donde estamos hoy.

Un rasgo que cada año se pone de manifiesto en mi y en mi entorno es la actitud de "pruébalo". En la escuela primaria y secundaria probé todo: carreras, baile, periódico escolar, banda, hockey sobre césped, softball, ser porrista, cantar en el coro, policía escolar, etc. ¿Por qué? Porque lo quería. Todas me parecían actividades divertidas. Hice amigos en cada actividad. Sin embargo, renuncié a la mayoría después de más o menos dos semanas. ¿Por qué? Porque no sentía pasión. Los probé, los disfruté, me di cuenta de que no me apasionaban y los dejé ir. ¿Por qué malgastar mi tiempo y el de los demás en cosas que no amaba?

Las dos actividades en las que perduré fueron el anuario escolar (Yearbook) y el coro. Me uní al coro en el sexto grado y al anuario en el séptimo. Cuando amo algo, con eso me quedo. Tomé la decisión de probar cosas nuevas. No me quedé en el objetivo de convertirme en "la mejor líder de la historia", incluso a los quince años me di cuenta de que era un objetivo ridículo porque esa afirmación es muy vaga. ¿Quién define "mejor"? ¿Qué es lo "mejor"?

A mis veinte años, conocí a quien terminaría siendo mi esposo actual, Nicolás. No me propuse casarme con él. No me propuse casarme en absoluto durante ese tiempo, con la desaprobación de mi madre. (Pero, bueno, ¡ella aún me ama!) Solo quería divertirme con chicos lindos y él resultó ser el chico lindo de ese fin de semana.

Después de algunas citas, la relación creció y once años después seguimos juntos. No me propuse casarme con él ni estar con él para siempre. Actualmente el objetivo de nuestra relación es constituir un fuerte sistema de apoyo mutuo que funcione todos los días y que nos permita expresar nuestras inquietudes si ese apoyo flaquea. Todo lo demás simplemente va ocupando su lugar. Verás, a esa edad tomé la decisión de disfrutar mi sexualidad, no salir con alguien con el objetivo de casarme.

En mi carrera decidí renunciar a algo que me hacía sentir miserable: trabajar en el sector sin fines de lucro. Siempre me gustó ser voluntaria y retribuir a la comunidad, pero no podía soportar trabajar en eso por la baja remuneración y la falta de creatividad que involucra. La vida me empujaba a posiciones que no me gustaban. Lo que me mantuvo fue el hecho de trabajar en pro de la comunidad. Tomé la decisión de irme sin disponer de red alguna de seguridad. Esa puede no haber sido la elección más sabia, pero lo hice. Nadie más lo hizo por mí. Decidí concentrarme en la escuela y construir una revista en línea, "Epifanía". Si no hubiera tomado la decisión de dejar el trabajo que me estaba haciendo infeliz, no habría conocido a Clara. No hubiera tenido la oportunidad de ser parte de este libro. Habrían pasado años tratando de ser feliz en una situación miserable.

Establecer objetivos es ahora una práctica maravillosa para mí. Sin embargo, he visto a personas establecer metas ridículas que ni siquiera la "familia real" estadounidense (Jay-Z y Beyonce) podrían lograr. Utilizo la creación de objetivos tanto en el sentido inmediato como a largo plazo. Por ejemplo, mi objetivo hoy es escribir durante una hora. Este es un objetivo inmediato y específico. El objetivo final de mi vida es pasar mis últimos años en un viñedo en Italia. Todas las decisiones que tomo en la vida apuntan a llevarme allí.

En mis treinta sigo tomando decisiones en lugar de crear listas. Tengo un mantra que utilizo de por vida: "Lee, escribe, medita, viaja, ama". En tanto busque tiempo todas las semanas para leer, escribir, meditar, viajar y amar, habré alcanzado mi objetivo de vida. Así que deja de flagelarte y toma la decisión de ser feliz hoy mismo. Te lo mereces.

Sonrisas y abrazos,

Nicole

http://epifanialyl.com/

Creando Realidades

Al final de cada día me siento sorprendida
  al ver todas las cosas que se han hecho presentes:
    en mi vida
        Oportunidades,
          más alegría,
            más dinero,
                Incluso más facilidad para decir NO
                Y alegría al decir que sí.

¡Estoy sorprendida!
  Asombrada.
      y de vez en cuando veo
          aleteos de luz azul brillante
              ¡Un ángel!
                ¡Un guardián!

Estos días estoy muy centrada en las prioridades de mi vida,
  La facilidad,
      la fe.

La gracia, conscientemente presente en el flujo de la vida,
  me impulsa hacia el constante deseo de aprender.
    un reconocimiento total de apoyo,
        de fuerzas y
            ángeles visibles
              e invisibles.

El reconocimiento,
  sabemos,
    Expande la presencia de lo que existe.
      ¡De eso sabemos!

Más paz,
  más libertad,
    peticiones directas y respuestas fluidas.
      de eso se trata la vida en estos días.
        Hacer menos y lograr más,

Dar más
  y vivir con menos.
    Limpieza de todo,
      rincones,
        grietas
          y cajones.
            Eso nos abre puertas.

La abundancia es un estado natural.
  Yo,
    mi Yo Divino,
      hace y se manifiesta en el reconocimiento de mis deseos.

Al final de cada día me siento sorprendida.
  cuando veo todo lo que he podido manifestar.

                                    - Clara Angelina Diaz

¿Qué puedo hacer hoy para hacer de este el mejor año de mi vida?

Escribe tres acciones:

- _____
_____
_____
_____

- _____
_____
_____
_____

- _____
_____
_____
_____

7

El Increíble Poder De
Las Afirmaciones

"Las afirmaciones son vitaminas mentales que proporcionan suplementos, que alimentan los pensamientos positivos que necesitamos para neutralizar la multitud de circunstancias y pensamientos negativos que experimentamos diariamente".
— Tia Walker

Fue a través de Louise Hay que conocí por primera vez el poder maravilloso de las afirmaciones. Escuchaba las grabaciones de sus afirmaciones de una hora, día tras día y comencé a notar que me hacían sentir mucho mejor y más tranquila. Las afirmaciones positivas, al igual que las negativas, funcionan. Una afirmación es simplemente un pensamiento o creencia que te repites continuamente a ti misma. Solía expresar una afirmación muy negativa e inconsciente: "Nunca tengo suficiente dinero". Debido a esa afirmación continua casi nunca tuve suficiente dinero. Cuando transformé este pensamiento negativo en uno positivo, "acepto y recibo la abundancia de riqueza que tienes para mí hoy", los resultados fueron milagrosos. Es como tener una conversación con el universo.

Los dos elementos claves de una afirmación son: primero, formular la sugerencia que deseas programar en tu cerebro. Segundo, repetir ese pensamiento una y otra vez. Las afirmaciones son poderosas porque le dan forma a nuestras vidas, creámoslo o no. ¿Alguna vez has tenido un amigo que se queja constantemente de todo en su vida y dice cosas negativas de todos y de todo? ¿Has notado lo que termina ella/él atrayendo a su vida? Los pensamientos que elaboras y pronuncias tienen un gran poder de atracción.

Para ser efectivas y transformacionales las afirmaciones deben:

1. Indicar tu intención para el futuro en tiempo presente,
2. Comenzar con una declaración "yo" o "yo soy",
3. Ser positivas.

Ejemplos de afirmaciones de transformación positivas:

"Disfruto de la libertad y de fondos para viajar a un nuevo destino de vacaciones cada año" "Me amo y me acepto tal como soy."

Establecer metas SMART te permitirá crear el conjunto correcto de afirmaciones que se ajusten a tu plan maestro. Una vez que decidas y escribas tus afirmaciones, sé constante al repetirlas hasta que tu subconsciente las acepte y se conviertan en una realidad en tu vida.

Repite tus afirmaciones al menos tres veces al día: una vez cuando te despiertas, para recordarte en qué debes orientar tus esfuerzos; otra vez alrededor del mediodía o después de almuerzo; Y finalmente, antes de irte a dormir por la noche. Después de treinta días de repetirlos tres veces al día, estas afirmaciones serán parte del nuevo patrón de pensamiento en tu cerebro y un nuevo hábito positivo para ti. Es indispensable enraizar profundamente estas afirmaciones en tu mente hasta que alcances lo que declaras. Cuando las repitas, tanto mejor si puedes tomarte ese tiempo para enfocarte en ti misma y en los objetivos que tienes, sin distracciones externas.

Aquí hay algunas afirmaciones positivas que puedes usar para crear mejores resultados en tu vida. Elige las que más te interesen y repitelas tres veces al día.

Estoy presente.

Soy bendecida.

Estoy hecha para brillar.

Soy una estrella.

Soy lo mejor que me ha pasado.

Soy una líder.

Soy una creadora poderosa.

Tengo una vida increíble.

Tengo derecho a sentirme bien.

Soy sabia y maravillosa.

Soy la creadora de mi mejor año.

Estoy creando mi mejor día.

Elijo cómo me siento.

Visualizo mi futuro perfecto.

Manifiesto poderosamente mis deseos.

Soy creadora directa de mi vida.

Soy alegría.

Me rodea la abundancia.

Me alíneo con mi verdad.

Me permito recibir lo que quiero.

Ahora dejo de preocuparme.

Sé que todas las cosas funcionan a mi favor.

Soy amada.

Estoy protegida.

Estoy llena de energía.

Invierto mi tiempo en acciones positivas.

Tengo poder.

¡Soy indetenible!

Estoy creando la vida de mis sueños.

Soy apreciada.

Soy una creación maravillosa.

Soy creación directa de Dios.

Ejercicio:

Ahora, escribe tus propias afirmaciones. Incluye las cosas específicas que deseas se manifiesten en tu propia vida.

Las Palabras de Ella te Hablan

Afirmaciones

"En promedio, tenemos entre 50,000 y 70,000 pensamientos por día y el 80% de esos pensamientos son de naturaleza negativa".
-Christine L. Bowen

¿Esta declaración te detuvo y te hizo pensar? Adivina qué, los pensamientos que acaba de suscitar esa frase en ti están unidos a otros pensamientos que pasan por tu mente. Por ejemplo: *Este libro . . . La cena de esta noche. . . La reunión de mañana . . . El recital infantil. . .*

Cualquiera sea el caso, así es más o menos como los pensamientos deambulan por nuestra mente, todo el día, todos los días, como si estuviesen en piloto automático. Lamentablemente, hemos sido condicionados a mirar nuestras circunstancias a través de un lente negativo. Con pensamientos de naturaleza negativa que pasan constantemente por nuestra mente, ¿puede la vida ser el resultado de nuestro proceso de pensamiento?

Hace unos diez años, mi manera de pensar se transformó al participar en una práctica de 24 horas para observar y documentar mis pensamientos. Sin juicio, sólo observación. Me quedé asombrada al descubrir la cantidad de cosas que pasaban por mi mente de un momento a otro. Lo que era aún más alucinante era cuántos de esos pensamientos eran de naturaleza negativa o despreciativos.

Mi conversación interna incluía declaraciones como:

"Soy tan idiota". "¿Por qué no puedo salir adelante en la vida?" "¿Qué me pasa?" "Ojalá no estuviera tan gorda". *¿Puedes relacionarte con otros?* No importa si se trata de la

tarea más simple o la circunstancia más desafiante, constante y diariamente nos flagelamos porque la vida o nuestra realidad no es como la queremos. Esta mentalidad tiende a convertirse en un megáfono, amplificando los juicios de los demás y tomándolos como parte de nuestra identidad.

Este constante mensaje negativo se hunde profundamente en nuestra psique. Con el paso del tiempo, nuestra autoestima se erosiona hasta el punto que nuestro optimismo se ve opacado por el pesimismo. La vida se convierte en una carga y la esperanza parece una fantasía.

Eventualmente, descubrimos que la vida carece de sentido y propósito.

Como el hombre piensa en su corazón, así es. Proverbios 23: 7

El poder de crear nuestra propia realidad es un regalo que muchos no aprecian y probablemente ni siquiera estén conscientes de ello. Cuando reconocemos que nuestra realidad comienza con nuestros pensamientos y, por eso mismo, podemos crearla basados en acciones impulsadas por esos pensamientos, comenzamos verdaderamente a vivir la vida en nuestros propios términos.

Sí, tu estado mental importa para todo. Si tu circunstancia actual no se parece a lo que visualizas en tu mente, es hora de volverte más intencional en tu proceso de pensamiento. Necesitamos desaprender nuestros pensamientos negativo e inundar nuestras mentes con intenciones positivas.

Las afirmaciones positivas y el diálogo interno son la base de una vida bien vivida. En aquello en que nos enfocamos, se crece. Cuando decidimos comenzar cada día con una intención positiva, creamos de inmediato y literalmente un mejor futuro para nosotras mismas.

Después de mi asombroso descubrimiento sobre la cantidad de pensamientos que recorren nuestras mentes diariamente, me comprometí a tratar cada día como lo hacemos en un nuevo año. Saludé el nuevo día, expresé mi gratitud por vivirlo y le di vida a las cosas que quiero en lugar de las cosas que no quiero.

Qué gran mañana.
Feliz día nuevo.
Hoy es el mejor día de mi vida.
Este día será productivo.

También me comprometí a hablar conmigo misma como si estuviera hablando con alguien a quien realmente amo. Yo llamo a este proceso "cortejarse". ¡Sí! Salir contigo misma. Pasamos toda la vida cortejando a otras personas, y ya es hora de que hagamos lo mismo con nosotras mismas. Esto comienza en la manera como nos hablamos:

Soy positiva.
Soy poderosa.
Estoy confiada.
Soy lista.
Soy hermosa.

¿Y si todos los pensamientos positivos que profesas el 1º de enero los profesaras todos los días?

¿Qué pasaría si todos los días pudieras escribir la historia de cómo terminará tu día?

Y qué pasaría si....? Te invito a que lo pruebes.

Crea la realidad que ves en el ojo de tu mente.

Crea esa obra maestra llamada tu vida.

¿Qué puedo hacer hoy para hacer de este el mejor año de mi vida?

- _____
_____
_____
_____
_____

- _____
_____
_____
_____
_____

- _____
_____
_____
_____
_____

¡Eleva tu vibración!

Aprendí a elevar mi vibración. . .
Ocurrió en un amanecer,
¡Brillante!

Aprendí a elevar mi vibración.
Aprendí a saludar a Dios.

Cuando el mundo externo era demasiado difícil de soportar,
empañé mi visión de su Gracia
para la desesperación sacar.

Cerré los ojos,
entré a fondo,
hice una burbuja,
vi el futuro.
Estoy lista.
Tengo la energía.
Tú también la tienes.
Vamos a usarla amplia y sabiamente. . .
¡Vamos a usarla ahora!

¿Estás lista para brillar?
¡Lista o no, vamos!
¡Vamos a destellar nuestras luces!
Brillantes...

- Clara Angelina Diaz

¿Qué puedo hacer hoy para hacer de este el mejor año de mi vida?

- _____
_____
_____
_____
_____

- _____
_____
_____
_____
_____

- _____
_____
_____
_____
_____

8

El Ejercicio De La
Rueda De La Vida

*"Cuando ves la vida cíclica, manejable y en evolución,
puedes prepararte para el próximo ciclo con confianza."*
-Clara Angelina Diaz

(Crear una rueda de la vida para llenar con las sugerencias)

Quiero compartir la herramienta más innovadora del autoaprendizaje, una herramienta que uso con mis clientes para ayudarles a ver su vida desde una perspectiva más elevada. Se llama la Rueda de la Vida. Lo que la Rueda de la Vida puede hacer por ti es ayudarte a llevar tu vida a un nivel más elevado de donde estás ahora. Pon en práctica hacer una cita contigo misma para desarrollarla y darte la oportunidad hacerla cada seis meses, una vez al año, o simplemente cuando no sepas qué hacer.

Todo lo que vas a necesitar es un bolígrafo o un lápiz y este libro.

Paso 1. Usa el círculo provisto en este capítulo; este círculo va a representar tu vida.

Paso 2. El círculo se divide en ocho partes iguales, para ocho áreas diferentes de tu vida. Ahora etiqueta cada parte. Cambia las categorías si quieres, para que se adapte mejor a tu vida.
1. Salud y bienestar
2. Dinero y finanzas personales

3. Pasatiempos y recreación (cosas que haces para divertirte)
4. Relaciones románticas
5. Ambiente físico (donde estás físicamente la mayor parte del tiempo: todo, desde tu automóvil hasta tu ciudad, tu dormitorio, casa, espacio de trabajo, todo tu entorno físico)
6. Espiritualidad y desarrollo personal
7. Carrera o negocio (o educación, para aquellos que están en la escuela)
8. Relaciones con amigos y familiares

Paso 3. Ahora, cierra los ojos y respira profundamente, y piensa en esto:

¿Cómo te sientes acerca de tu vida en este momento?

¿Cómo te sientes acerca de toda tu vida?

Abre los ojos y, al mirar cada sección, califica cada área del 0 al 10, donde 10 es el mejor estado que haya existido en tu vida.

Paso 4. Decide en qué área quieres enfocarte. No tiene que ser tu área más baja; podría ser una de tus áreas más elevadas.

Paso 5. Ahora realmente piensa en cómo sería si esta área tuviera un 10. ¿Cómo te sentirías? ¿Qué tendrías diferente? ¿Cómo serían diferentes las cosas si esta área fuera un 10? Escribe eso al detalle.

Paso 6. El siguiente paso es decidir sobre un paso, solo *un* paso que puedes tomar hoy, esta semana o este mes - o por el tiempo que desees concentrarte en esta área - para llevar esta área a un 10. Una vez más, escribe todo en detalle, tanto como puedas.

Ahora dile a alguien, alguien que merece escucharte, tus sueños y tus metas. En realidad, vé y toma esa acción. ¡Vé y dile a alguien! Y después de que se le digas, ¡entonces celebra! Celebra y regálate algo. Haz algo bueno por ti misma.

Luego repite estos mismos pasos en todas las áreas de tu vida para crear el mejor año de tu vida en todas y cada una de las áreas. ¡Tú puedes hacerlo!

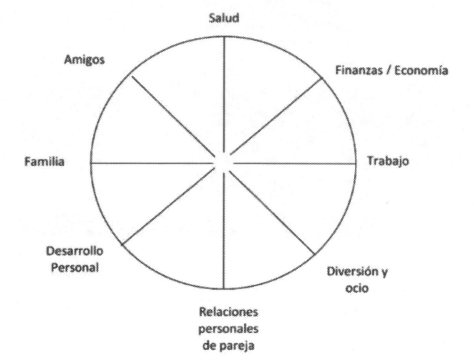

Instrucciones para llenar la Rueda de la Vida

Etiqueta cada sección, luego califica cada sección del 1-10.

¿Qué área te está causando el mayor dolor?

_____

_____

_____

¿Qué área te hace mas feliz?

_____

_____

_____

¿En qué área quieres enfocarte?

_____

_____

_____

¿Cómo quieres sentirte en esta área de tu vida?

_____

_____

_____

¿Qué puedes hacer todos los días para sentirte de esta manera?

_____

_____

_____

¿Cuál es tu verdadera intención para esta parte de tu vida?

_____

_____

_____

En la sección de calificación más baja, si no es un cero, ¿qué va bien en esta área?

_____

_____

_____

Conecta los puntos que representan tus calificaciones.

(Crear uno que esté lleno como ejemplo)

Observa dónde están los desequilibrios.

Amor del Alma

¿Alguna vez has sentido
  como si alguien le estuviera hablando a ti y a tu mente,
    diciéndo que a veces vayas a la izquierda o a la derecha?

¿Alguna vez has pensado en que estás guiado,
  protegido
    y amado en todo momento?

No es fácil de explicar,
  ¡Pero es así!

Cuando el Espíritu habla,
  ella generalmente tiene algunas palabras cariñosas que decir.
    Me dice:
      "Hola mi amor,
        habrá manifestaciones de gozo y propósito
          si te alineas conmigo,
            al simplemente recordar que tú eres yo,
              y yo soy tu".

A veces no es fácil aceptar que es así de simple.
  ¡Es así!
    ¡Eres libre de expresarte!
      ¡Tienes poder para crear tu propio camino!
        Puedes hacer cambios en tu vida,
          que se alineen contigo y te hagan sentir bien.
            Todas las grandes cosas son posibles.
              y vienen a ti un día a la vez.

Al saber esto,
  puedes liberar tu miedo al fracaso,
    así como tu miedo al éxito,
      porque el éxito está en el presente.
        Está en la acción enfocada que le pones a tus sueños,
          a tu futuro,
            a tu idea de cuál será tu mejor futuro.

"No hay nada que temer", dice el Espíritu.
  "Concéntrate en tus acciones y tus resultados vendrán con
naturalidad.
    ¡Sigue adelante!
      Confía en mí y verás
        Un paso a la vez,
          Un día a la vez,
            Con amor,
              Una respiración a la vez,
                Con fe,
                  Una acción a la vez.

Enfócate en este tiempo, amor.
  ¡Estas siendo guiada en todo momento!"

- Clara Angelina Diaz

9

Carta De Amor De
Parte De Mi Alma

*"Oye, es tu alma la que te habla y dice: despierta,
te necesito, te deseo. ¡Yo soy tú! ¡Elígeme!"*
-Danielle Laporte

Hace más de diez años mi primer coach de vida me dio este increíble ejercicio durante nuestra relación, que resultó ser una de las herramientas más poderosas que de él recibí. Se llama "Carta de amor de parte de mi alma". Quiero compartir contigo la ultima version de mi carta para invitarte a escribir la tuya.

Estas son las instrucciones:

1. Vé a un lugar tranquilo, mínimo durante una hora.

2. Haz por lo menos tres o idealmente diez respiraciones profundas.

3. Pregúntele a tu alma lo que quiere decirte.

4. Escribe lo que te venga a la mente y simplemente deja que tu mano escriba.

Aquí está mi carta:

Carta de amor del alma

Tú eres amor, hecha con gozo, maravillosamente,.
Sabes que la paz y la libertad son tu hogar, que ahí es donde
tú puede ser tu mejor YO:
Tu mejor apoyo, para ti y los demás.

Estás muy consciente de tu valor y cuánto te quieren.
Estás en plenoconocimiento de tu propósito en la tierra.
Con tus talentos y dones innatos viniste a servir al mundo.
Eres una comunicadora natural,
no en uno, sino en dos idiomas.
Una comunicadora de la verdad, que busca elevar.

Una voz para los que no tienen voz, eres un medio que
atraviesa clases y culturas.
Ciertamente, clases y culturas.
¡Le hablas a niños y adultos por igual!
¡Puedes hablarle a los ricos y a aquellos que también han
olvidado sus riquezas!...
......
Conoces tu lugar en este sistema espacio-temporal.
Pues eres hacedora de buenas obras.
Defendiendo la verdad, la rectitud y la justicia,
cuidando cómo las personas se tratan las unas a las otras,
cómo tratas tú misma a los demás.
¡Seguro te importa!
Sabes de la importancia de las pequeñas cosas
que la riqueza verdadera está en la experiencia
y en lo que se desarrolla mientras llegas a la meta.

Puedes disfrutar del proceso.
Te sabes constantemente apoyada.

Mi carta de amor del alma

Hola, es tu alma hablando. . .

Recordando lo que es Posible

Creo con todo el corazón,
    y es mi deseo recordarte
        que mientras manejes TU vida con gracia y fe.
        a pesar del estrés
           es posible y alcanzable,
                , ser feliz, y productiva

Podrás definir tu vida ideal
    y avanzar con confianza hacia ella,
        creando la vida que quieras:
           Una vida en la Luz.

Puedes dirigir vida y negocio con amor.
    Es posible.
        Es posible ser el líder de tu presente y tu futuro.
        Y ahora mismo,
           es posible ser la mejor versión
                de ti misma.

Como entrenadora siempre estaré a tu lado.
    acompañándote con energía positiva,
        y una estrategia inteligente,
           compasiva y práctica.
                Así te ayudaré a aclarar el camino,
                -tu propio camino-
                paso a paso.
                Recordando siempre,
                  lo que es posible.

                    - Clara Angelina Diaz

¿Qué puedo hacer hoy para hacer de éste el mejor año de mi vida?

_____

_____

_____

_____

_____

_____

10

El Poder De Tres Acciones Diarias

"Sucede de a tres, abraza la magia de dar tres pasos importantes diariamente y sorpréndete a ti misma con los resultados"
-Clara Angelina Diaz

Quiero revelarte un pequeño secreto para crear tu mejor año y tu mejor día. Lo llamo el Poder de los Tres.

El Poder de los Tres es simple, pensar en tres acciones –tres poderosas acciones que puedes tomar hoy, *ahora*, para crear el mejor día de tu vida.

Antes de especificar los detalles de los tres pasos, primero piensa realmente cómo quieres sentirte al final del día. Luego planifica tus tres acciones en torno a ese sentimiento. Quieres sentirte bien, por supuesto, pero piensa en una palabra más específica. Vamos a crear otra palabra—más allá de *"bien"*.

¿Quieres sentirte increíble, energizada, empoderada, valiente?

La palabra a la que siempre vuelvo es *amor*. Quiero sentirme amorosa. Quiero amarme a mi misma, amar al mundo, amar mi vida. Y porque sé que así quiero sentirme, esto me ayuda a pensar en pasos amorosos hacia mi misma que pueda dar a lo largo del día. Quiero que esta energía amorosa fluya a través de mis metas.

Qué hago? **Primero** pienso en la Acción #1.

Piensa cuál puede ser la primera acción a tomar hoy para sentir lo que deseas sentir. Esto puede ser algo que has estado evitando. Como dice Brian Tracy, uno de mis autores favoritos,

en su libro *"Eat That Frog"* (*Cómete el Sapo*), la acción que debes tomar primero es una acción que has estado posponiendo.
Empieza por escribir, *"Hoy haré..."*

Acción #1:
Hoy haré

_____

_____

_____

_____

_____

_____

_____

El **segundo** paso es tomar una acción que has estado queriendo realizar, algo que realmente te gusta hacer.

Acción #2:

_____

_____

_____

_____

_____

_____

_____

El **tercer** paso es un salto en la acción — algo que sabes que te llevará a otro nivel. En tu corazón sabes qué acción te va a llevar a ese salto.

Acción #3:

_____

_____

_____

_____

_____

_____

_____

_____

Si deseas tener tu mejor año, toma estos tres pasos todos los días:

Uno que has estado evitando,

uno que realmente quieres tomar,

y uno que te llevará al siguiente nivel.

Confía en tu corazón, y toma estas tres acciones todos los días.

Este es mi secreto para crear el mejor
año de tu vida, un dia a la vez.

Detente

Detente. . .
No importa donde estés.
Truena tus dedos dos veces
Y di lo siguiente, suspirando. . .
"Recuerda quien eres realmente"

(Respira profundamente. . .)

Muestra los dones de tu espíritu;
Esta es tu unica verdad.

(Respira profundamente.)

Siente tus pulmones.

Repite:
Siento paz,
confianza,
valor, paciencia,
amor, apoyo,
comprensión,
respeto.
Soy rica, saludable, agradecida,
Soy Yo. Yo soy.
¡Yo soy!

- Clara Angelina Diaz

11

La Importancia De Sentirte Bien Contigo Misma

"La base de todo éxito es sentirnos merecedoras de algo. Sólo podemos sentirnos merecedoras cuando sabemos que estamos bien con nosotras mismas."
—Clara Angelina Diaz

Quiero compartir algunos consejos claves sobre cómo sentirte bien contigo misma. Un par de mis autores favoritos, Esther and Jerry Hicks, en su libro, *Ask and It Is Given*, relatan la sabiduría de Abraham, "No hay nada más importante que sentirte bien."

Quiero que empieces a imaginar cómo se siente sentirte bien. Para mí, sentirme bien significa estar frente al océano o en la cima de una montaña después de una larga caminata en un día hermoso. Así que te pregunto, ¿Qué significa para ti sentirte bien? Describe esa imagen en detalle.

Cuando eras un bebé tú sabias intuitivamente que no había nada más importante para ti que sentirte bien. Se te proporcionó todo lo que necesitabas: comida, cuidado, refugio. Todo te fue dado. Junto con el sol, aire fresco y una vida de posibilidades, tu vida era muy simple entonces. Sabías que lo merecias y el mundo lo proveería.

En algún lugar del viaje de la vida alguien te dijo o te hizo sentir lo contrario: que no merecías lo que deseabas. De aquella etapa de bebé, adelántate ahora al momento presente, ¿Empiezas a notar que te falta algo? ¿Tienes la sensación de que algo no se siente bien? ¿Presientes que las cosas que te hacían sentirte bien ahora ya no lo logran?

Si empiezas a sentir que no sabes a donde ir y que la confusión se pone de manifiesto, y si te sientes descontenta con la persona en la que te has convertido, quiero decirte que esto es algo muy *bueno* porque estás despertando. **Estas despertando al saber que sí mereces sentirte bien, que es tu derecho de nacimiento y que es lo que te corresponde.**

Para cambiar esta situación de no poder sentirte bien de nuevo, tengo algunos consejos. Como adulto, ahora posees el don de hacerte la vida más fácil por ti misma, puedes vivir de una manera más consciente a través de la libertad de elección que la vida te brinda. La necesidad de sentirse bien, en su forma más simple, es una de las fuerzas orientadoras más importantes de la vida. Nos esforzamos al máximo para sobrevivir, primero a los elementos y luego, para alcanzar mayores logros, esencialmente seguimos adelante para mantener constante la sensación de "sentirnos bien".

Como adultos, es extremadamente importante sentirnos bien con nosotras mismas, porque eso afecta *todo* lo que conscientemente permitimos en nuestras vidas.

Cuando te miras al espejo, ¿qué sientes acerca de ti misma? ¿Amas y aceptas a la persona que ves reflejada en el espejo o te juzgas y minimizas? Si eres una de esas personas que se siente bien y se ama a sí misma tal como eres, ¡Te felicito! Te motivo e invito a ayudar a otras personas a alcanzar ese estado.

Con el fin de sentirse *realmente* bien, he aquí algunos consejos.

Tip #1: Define *qué va bien* en tu vida. Literalmente, cuenta tus bendiciones. Prepara una lista de doce cosas que van bien en tu vida en este momento.

1. _____
2. _____
3. _____
4. _____
5. _____
6. _____
7. _____
8. _____
9. _____
10._____
11._____
12._____

Tip #2: Considera el hecho de *poder amarte a ti misma incondicionalmente*. Solo tú sabes lo que eso significa. Estas podría involucrar cosas como dormir ocho horas o comer tres comidas al día, o simplemente tomarte el tiempo para relajarte y respirar profundamente. ¿Qué puedes hacer para amarte incondicionalmente? Permítete hacer estas cosas. Ahora mismo, piensa en doce cosas que puedes hacer para amarte incondicionalmente.

1. _____
2. _____
3. _____
4. _____
5. _____
6. _____
7. _____
8. _____
9. _____

10._____
11._____
12._____

Tip #3: A fin de sentirte bien contigo misma, primero debes amarte incondicionalmente. Sé honesta, mírate a ti misma compasivamente. Define lo que te va bien, cuenta tus bendiciones, y comprométete con lo que es importante para ti. Comprométete con lo que es más importante para *ti*. Decide que darás en tu vida. Planifica tus metas en torno a lo que *tú* quieres dar y lo quieres hacer. Con tranquilidad, piensa realmente acerca de lo que *tú* quieres experimentar en tu día. Prometete a ti misma que todos los días dedicarás energía y amor a lo que deseas crear. Escribe las 12 prioridades más importantes en tu vida (como quieres sentirte, sueños por lograr, construir mejores relaciones con las personas importantes en tu vida, etc)

1. _____
2. _____
3. _____
4. _____
5. _____
6. _____
7. _____
8. _____
9. _____
10._____
11._____
12._____

Las Palabras de Ella te Hablan

Confia en ti misma, en Dios y el Universo
Massiel P. Eversley

> Desde temprana edad sabía qué quería hacer
> para que mi familia se sintiera orgullosa: tener
> un amplio y positivo impacto en los demás.
> Simplemente dicho: "Lograr cosas en grande"

Siguiendo el ejemplo de mi madre, sabía que se requería trabajar arduamente y operar fuera de la zona de confort con el fin de "lograr cosas en grande". Después de mudarme a los Estados Unidos a la edad de seis años desde la República Dominicana, aprendí rápidamente sobre la nueva sociedad en la que me tocó vivir. Como mujer inmigrante, aprendiz del idioma inglés, hija de padres estrictos y la segunda hija de tres, muchas cosas se fueron aclarando en el camino. Sabía que había reglas establecidas y heredadas en un ambiente que me excedía y que tendría que aprender a operar dentro de estos sistemas para tener éxito en lo que hiciera. Sabía que las limitaciones no significaban que el mundo me estaba vedado. Así que sentí que tenía el derecho de hacer realidad ese gran castillo de arena que imaginé construir en ese patio de recreo.

Pensé que el mapa de mi vida conducía a una carrera en Psicología. Una vez que entré a la universidad y entré de lleno en mis estudios, me dí cuenta cuán equivocada estaba. Equivocarse está bien, pero tener tiempo para hacer algo al respecto es realmente genial. Rápidamente reflexioné sobre mi madre, quien había trabajado en el área de salud, sabía que el tiempo no espera por nadie, de modo que me cambié de escuela rápidamente y me especialicé en enfermeria. Fue un impulso del momento, todo lo que sabía era que la enfermeria le había dado a mi madre un alegre castillo de arena y que yo quería uno similar. Cambiar todo el curso de la dirección de mi vida era un riesgo. Pero para mí el riesgo más grande es el que no se toma. Esta oportunidad solo se convertiría en mi realidad si yo decidía tocar a su puerta.

En mi travesía siempre busqué oportunidades poco comunes que me hicieran destacar entre los demás. Si las ovejas iban a la izquierda, yo siempre iba a la derecha. Me convertí en una esponja y absorbí sabiduría de mis mentores, pero lo más importante fue que escuché a mi *Yo Interior*. Así es como terminé como Enfermera titulada en Materias Legales.

Muchos pensaron que estaba perdiendo mi tiempo con un título que no era puramente de enfermería, pero me sobrepuse al ruido de las fuerzas negativas y me recordé a mi misma que merecía lo mejor, continuando así a mantener en alto mis sueños. Después de solo siete años en mi campo de trabajo me convertí en directora. Al mirar hacia atrás, veo que me había estado preparando toda mi vida para un rol y una carrera que permitiera un amplio impacto en los demás.

También disponer de un corazón y una mente moldeables ha forjado mis experiencias en el camino. Aprendí que tenemos que crear mapas de ruta precisas para nuestras vidas. Pero sobre todo debemos darnos la libertad de fallar, tomar desvíos y riesgos, y aprender a ser flexibles; confiar que las cosas terminarán en su sitio para servir a un propósito mayor es la mejor opción. Nos permite oler las flores y disfrutar del viaje.

Debemos escuchar la intuición que se deriva de nuestros valores fundamentales y dejar que ella prepare el camino correcto hacia el Plan Mayor. Esto me ha ayudado a acercarme a la adversidad con curiosidad y buscar las lecciones a ser aprendidas. Sé que como hija de Dios o de un Ser Superior, nunca se me presentará un obstáculo que no pueda superar.

"Te amo, cuerpo mío"

Te amo, cuerpo mío,
      ¡Te amo de veras!
            Tus curvas y estrías
                  Las cicatrices de mis heridas y los gozos de mi
                  largo viaje y sus altibajos,

Luz y oscuridad,
      ¡Tú, cuerpo mío, me has sostenido con extraordinaria fuerza!
            Llevas mi espíritu, mi tristeza y alegría,
                  cada decisión que tomo o dejo de tomar.
                        Cuerpo mío,
                              Templo y contenedor de lo Divino,
                                    Hecho de la misma materia que las estrellas,
                                          Estás hecho de lo mismo,
                                                En perfecta proporción con la Madre Tierra,
                                                ¡Cuerpo mío,
                                                      te amo,
                                                            sí, te amo!

Te ejercito,
      te pongo en forma,
            pero lo que realmente quiero
                  es acogerte y aceptarte completamente
                        "Cuerpo mío,
                              hecho de las misma materia que las estrellas,
                              templo y contenedor de lo Divino".

- Clara Angelina Diaz

"Tú, la estrella"

Polvo de estrellas
De eso estamos hechos.
Las Galaxias:
nuestro hogar original.
Brillar:
nuestra capacidad más natural y un
derecho al nacer

Tú, como las estrellas en nuestro firmamento,
de manera única y hermosa,
brillas.
Y al hacerlo,
yo brillo también.
Brillemos juntas por nosotros
Y por todos los demás
¡Seamos Brillantes!
¡Como las estrellas que tú
y yo, somos!"

- Clara Angelina Diaz

"Un Poema para el Cambio"

Parece gracioso,
    pedir cosas y obtenerlas.
      De veras,
         obtenemos cosas que pedimos, de hecho ...

A través del cambio obtenemos las cosas que pedimos.
    ¿Por qué no aceptar lo que hemos pedido?
      Acepta, recibe, deja ir, perdona,
         y da las gracias un poco más ...

Gracias Dios,
    Universo Todo Poder Poderoso que es Todo ...
      Gracias por darnos todo lo que pedimos.

                     - Clara Angelina Diaz

"Capaz y Digna"

Eres capaz, valiente.
> Amada y divinamente protegida.
>> Eres fuerte y magnética.
>>> ¡Eres eso y mucho más!

Lo mostrarás al mundo cuando una clara intención te anime.
> Tus intenciones pueden ser tan poderosas como tú.
>> Eres muy poderosa
>>> Tu eres el poder.

Eres éxito y mucho más.
> El éxito te llama.
>> Eres creativa, digna y capaz.
>>> Eres lo que quieras ser.
>>>> Eres lo que te propongas:
>>>>> en corazón, espíritu y cuerpo.

Eres capaz y digna.
> Da el paso
>> ¡Verás lo fuerte que eres!

- Clara Angelina Diaz

Clara Angelina Díaz nacio en la República Dominicana y vive en los Estados Unidos.

Está certificada como master coach y es oradora, facilitadora y escritora. Le hace coaching a empresarios tanto emergentes como establecidos para desarrollar sus habilidades de liderazgo. Como resultado, sus clientes mejoran su inteligencia emocional, la conciencia de su espiritualidad, el pensamiento estratégico, las habilidades interpersonales, su confianza y consiguen un sentido de calma sobre sí mismas. Clara es regularmente contratada para hablar y desarrollar talleres sobre su libro, Crea Tu Mejor Año, Un Día a la Vez.

En su práctica privada, ClaraFying LLC, ella se especializa en trabajar con líderes de varias industrias con un foco especial en abogados, empresarias y mujeres de color alrededor del mundo. Ofrece coaching privado, entrenamiento para certificación en coaching, asesoría empresarial, talleres y retiros transformacionales.

Actualmente Clara tambien es coach de liderazgo en la Escuela de Negocio de la Universidad de Harvard. Previo a su trabajo en coaching y empoderamiento, Clara ocupo un puesto como Intérprete Principal de Español del Juzgado de Inmigración de Boston, donde hizo interpretaciones sobre casos difíciles y complejos.

Es graduada de Lesley University con un grado auto-diseñado en Gerencia de Vida y Negocios (in Life & Business Management) y una certificación en Vida, Negocios y Master Coaching de la Escuela Internacional Wainwright de Coaching en California

CLARA
ANGELINA
DIAZ

Speaker. Author. Master Coach.

Own Your Power.
Create Change.
Make a Difference.

617-378-7355
Clara@ClaraAngelinaDiaz.com
www.ClaraAngelinaDiaz.com

Let's Work Together

Private Coaching +
Coaching Certification

Women's
Leadership Circles

Speaking + Workshops

Women's Retreats

"You are a leader. The way you live your life, affects your work and society at large. You are that powerful. Choose to own your power and make a difference." *Clara Angelina Diaz*

Muchas Gracias por apoyar la traducción de este libro a mi clienta y amiga, Talia Barrales.

La abogada Talía Barrales migró desde México hacia los Estados Unidos con su madre cuando apenas tenía 3 años de edad. Creció como indocumentada, de modo que pudo experimentar en carne propia las injusticias que sufren la comunidades inmigrantes. Tales experiencias insuflaron su pasión tanto por la justicia social como por la ley. En 2013 fundó Barrales Law en la ciudad de Boston Aparte de su trabajo legal, Talía apoya varios proyectos de justicia social.

Ella es miembro y generosa donante de Cosecha y The Chica Project, organizaciones que defienden los derechos de los inmigrantes y el empoderamiento de niñas latinas en Massachusetts respectivamente. Ha sido citada y presentada en varios medios de comunicación, incluyendo el Boston Globe, Univisión y Telemundo. La abogada Barrales fue reconocida por el Concejo Municipal de Boston por su dedicación en promover los derechos de la mujer y por su lucha en pro de la justicia. Ese mismo Concejo decretó el 20 de Enero de 2017 como el **Día de Talía Barrales.**

Printed in the United States
By Bookmasters